Als ik somber ben

Sam Sagolski
Geïllustreerd door Daria Smyslova

www.kidkiddos.com
Copyright ©2025 by KidKiddos Books Ltd.
support@kidkiddos.com

All rights reserved. No part of this book may be reproduced in any form or by any electronic or mechanical means, including information storage and retrieval systems, without written permission from the publisher, except in the case of a reviewer, who may quote brief passages embodied in critical articles or in a review.
First edition, 2025

Translated from English by Missy Veerhuis
Vertaald uit het Engels door Missy Veerhuis

Library and Archives Canada Cataloguing in Publication
When I Am Gloomy (Dutch edition)/Shelley Admont
ISBN: 978-1-83416-813-5 paperback
ISBN: 978-1-83416-814-2 hardcover
ISBN: 978-1-83416-812-8 eBook

Please note that the Dutch and English versions of the story have been written to be as close as possible. However, in some cases they differ in order to accommodate nuances and fluidity of each language.

Op een bewolkte ochtend werd ik somber wakker.

Ik stapte uit bed, wikkelde mijn favoriete deken om me heen en liep de woonkamer binnen.

"Mammie!" riep ik. "Ik ben in een slechte bui."

Mam keek van haar boek op. "Slecht? Waarom zeg je dat, liefje?" vroeg ze.

"Kijk maar eens naar mijn gezicht!" zei ik, wijzend naar mijn gefronste wenkbrauwen. Mam glimlachte lief.

"Ik heb vandaag geen blij gezicht," mompelde ik. "Hou je nog steeds van me als ik somber ben?"

"Natuurlijk doe ik dat," zei mam. "Als je somber bent, dan wil ik dicht bij je zijn, je een dikke knuffel geven en je opvrolijken."

Daardoor voelde ik me iets beter, maar slechts voor even, want toen dacht ik weer aan al mijn andere gevoelens.

"Dus... hou je nog steeds van me als ik boos ben?"

Mam glimlachte weer. "Natuurlijk doe ik dat!"

"Weet je het zeker?" vroeg ik, terwijl ik mijn armen over elkaar sloeg.

"Zelfs als je boos bent, ben ik nog steeds je moeder. En dan hou ik nog net zoveel van je."

Ik haalde diep adem. "Wat als ik verlegen ben?" fluisterde ik.

"Ik hou ook van je als je verlegen bent," zei ze. "Weet je nog dat je je achter me had verstopt en je niet met de nieuwe buurjongen wilde praten?"

Ik knikte. Ik herinnerde het me heel goed.

"En toen zei je hallo en maakte je een nieuwe vriend.
Ik was zó trots op je."

"Hou je nog steeds van me als ik te veel vragen stel?" vroeg ik toen.

"Als je veel vragen stelt, zoals nu, dan zie ik dat je nieuwe dingen leert die je elke dag slimmer en sterker maken," antwoordde mama. "En ja, ik hou nog steeds van je."

"Wat als ik helemaal geen zin heb om te praten?" bleef ik vragen.

"Kom hier," zei ze. Ik klom bij haar op schoot en liet mijn hoofd op haar schouder rusten.

"Als je geen zin hebt om te praten en gewoon stil wilt zijn, dan begin je je verbeelding te gebruiken. Ik vind het leuk om te zien wat je verzint," antwoordde mam.

Toen fluisterde ze in mijn oor, "Ik hou ook van je als je stil bent."

"Maar hou je nog steeds van me als ik bang ben?" vroeg ik.

"Altijd," zei mam. "Als je bang bent, dan help ik je om te controleren of er geen monsters onder het bed of in de kast zitten."

Ze kuste me op mijn voorhoofd. "Je bent zo dapper, lieverd."

"En als je moe bent," voegde ze er zachtjes aan toe, "dan leg ik een deken over je heen, breng je je teddybeer en zing ik ons speciale liedje voor je."

"Wat als ik te veel energie heb?" vroeg ik, overeind springend.

Ze lachte. "Als je vol energie zit, dan gaan we samen fietsen, touwtjespringen of samen naar buiten om te rennen. Ik hou ervan om al die dingen met je te doen!"

"Maar hou je van me als ik geen broccoli wil eten?" Ik stak mijn tong uit.

Mam grinnikte. "Zoals die keer dat je je broccoli aan Max had gegeven? Hij vond het heel erg lekker."

"Heb je dat gezien?" vroeg ik.

"Natuurlijk heb ik dat gezien. En ik hou zelfs dan nog steeds van je."

Ik dacht even na en stelde toen nog een laatste vraag:

"Mama, als je van me houdt als ik somber of boos ben... hou je dan nog steeds van me als ik blij ben?"

"O, lieverd," zei ze, terwijl ze me weer omhelsde, "als je blij bent, dan ben ik ook blij."

Ze kuste me op mijn voorhoofd en voegde eraan toe, "Ik hou net zoveel van je als je blij bent als dat ik van je hou als je verdrietig, boos, verlegen of moe bent."

Ik knuffelde haar harder en glimlachte. "Dus... je houdt altijd van me?" vroeg ik.

"Altijd," zei ze. "Ik hou bij welk gevoel je ook hebt, elke dag, altijd van je."

Terwijl ze sprak, begon ik iets warms in mijn hart te voelen.

Ik keek naar buiten en zag de wolken wegzweven. De lucht werd blauw en de zon kwam tevoorschijn.

Het leek erop dat het toch een mooie dag zou worden.

www.ingramcontent.com/pod-product-compliance
Lightning Source LLC
LaVergne TN
LVHW072106060526
838200LV00061B/4816